당신은 코스모스로 오셨습니다

松波 高錫元 第13詩集

엠—애드

열세번째 시집을 내면서

금년 10월에 열두번째 시집
《억새꽃》을 내고
바로 돌아서서
열세번째 시집을 편집하려니

너무 서두르는 감도 있지만
시집 횟수가 더할수록
이미 쓴 시들을
관리하기도 힘에 겨워

이번에도 묵은 물은
퍼내야한다는 생각으로
용기를 내서 열세번째
시집 출판을 결심했습니다.

제목을《당신은 코스모스로 오셨습니다》로 하고
나와 내 시를 사랑하는 독자님들에게
언제나처럼 새 시 60편을 실어서
떨리는 맘으로 바칩니다.

      2010． 12． 22
      저자 松波 高錫元

Contents 차례

1부 당신은 코스모스로 오셨습니다.

- 당신은 코스모스로 오셨습니다. … 11
- 그대 6 … 12
- 나는 지금도 … 13
- 사진 6 … 14
- 고백 3 … 16
- 개띠 아줌마 … 18
- 그 사람 3 … 20
- 수진씨! … 22
- 그때에나 진정 오시렵니까? … 24
- 참 좋습니다! … 25
- 문짜 … 26

2부 패랭이꽃

- 패랭이꽃 ⋯ *31*
- 싸리꽃 ⋯ *32*
- 버려진 산수유 옆에서 ⋯ *34*
- 돌미나리 ⋯ *36*
- 밤꽃 2 ⋯ *38*
- 당신 5 ⋯ *39*
- 소쩍새 4 ⋯ *40*
- 용화산에 가을이 오면 ⋯ *42*
- 용화산 뻐꾸기야! ⋯ *44*
- 한증막을 다녀와서 2 ⋯ *46*
- 그 사람 4 ⋯ *48*

3부 노송(老松)

- 노송(老松) ⋯ 53
- 쌍 알 ⋯ 54
- 호박농사 ⋯ 56
- 넝쿨장미를 보면서 ⋯ 58
- 폐가에서 ⋯ 60
- 내 집 ⋯ 62
- 당근 나물 ⋯ 64
- 푸념 2 ⋯ 66
- 뚝 떨어져나가야지 ⋯ 67
- 과일가게 여주인 2 ⋯ 68
- 깍새 ⋯ 70
- 땅 2 ⋯ 72

4부　장마

- 장마 … *77*
- 그래서 나는 … *78*
- 잠자는 비둘기 … *80*
- 김장을 하면서 … *82*
- 감자를 심어놓고 … *84*
- 능소화 … *86*
- 일기 2 … *88*
- 불만 … *90*
- 손자 … *91*
- 족보 … *92*
- 소나무 분재 … *94*
- 겨울나기 … *96*
- 북 … *98*

5부 연평도

- 연평도 ··· 103
- 고향집을 찾았다가 ··· 104
- 바람 ··· 106
- 입춘 날 한강에서 ··· 108
- 2010년 여름 ··· 110
- 우려 ··· 112
- 스리랑카 청년 ··· 114
- 지평선 축제장에 갔다가 ··· 116
- 지평선 축제 먹거리장에서 ··· 118
- 참, 존경스럽습니다. ··· 120
- 오가피 ··· 122
- 나의 학창시절 ··· 124
- 내가 당한 한국전쟁 3 ··· 126

1부
당신은 코스모스로 오셨습니다

당신은 코스모스로 오셨습니다.

당신은 코스모스로 오셨습니다.
당신의 보드라운 자태에 내 맘은 끌렸고
당신의 촉촉한 속눈썹에 잔잔히
흐르는 미소는 내 눈을 멀게 했습니다.

낭랑한 당신의 입가에선 언제나
정이 뚝뚝 흘러내려 은하수가 되고,
그러면 그럴수록 나는 서서히 녹아져서
당신한테 한없이 빠져 들었지만,

당신은 누구에게나 그러려니
옹졸한 생각이 자꾸만 들어서
내 마음 스스로 다독이며 당신을
가까이 하지 않으려고 애를 썼는데도,

당신과 함께하는 사이 당신은 점점
나의 깊은 수렁이 되어버렸으니…
이젠 당신이 어쩐대도 나는 차마
당신한테서 빠져나올 수가 없습니다.

그대 6

그대에겐 쫄 바지에
까만 똠방치마가
참 잘 어울렸어요.

거기다 환하게 웃는 모습은
그대를 더욱
아름답게만 했었는데…

그런데 언제부턴가
그대의 얼굴에 근심이 보여
내 마음이 무척 아파요.

걱정하지 말아요.
옛날처럼 그렇게 살아요.
그대가 변하는 건 싫어요.

나는 지금도

오늘도 함박눈이 내리니
찜질방이 생각나는구나!

상냥한 한증막 아줌마는
이젠 내가 가도
얼굴도 비치지 않는데…

그런데 왜 나는 지금도
집만 나서면 언제나
한증막이 먼저 눈에 들어올까?

사진 6

우리 둘이서 찍은 사진이
너무 다정하여 누가 볼까봐
몰래 숨겨놓으셨다고
그대는 그렇게 말씀하셨지요?

내 팔을 감싸 안은 그대 표정은
정말이지
내가 봐도 진정
너무 정겨워 보였어요.

나 여직껏 그대는 내게
관심이 없는 줄만 알았는데…
사진을 보고서야 알았어요.
그게 아니라는 걸…

그래서 나 이렇게 좋을 수가 없습니다.
사람 눈보다도
카메라 렌즈는 더 정확하고
거짓이 없으니까요!

고백 3

나는 당신을 처음 보는 순간
당신이 너무 좋았어요.
너무 때가 묻지 않아
순하고 애기 같은 모습이
마음에 들어서

나는 당신을 예쁘다고 했는데…
예쁘단 말은 처음 듣는다며
당황하며 수줍어하던
당신의 모습은 너무 귀여워서
지금까지도 잊혀 지질 않아요.

그 뒤로 우린 서로
한 번도 만나지 못했지만,
지금도 나는 당신만 생각하면
마음이 이다지도 편하고
좋을 수가 없습니다.

개띠 아줌마

개띠라서 그런진 몰라도
겨울이 오면 날마다
눈을 기다리며 산다는 아줌마!

소한(小寒) 눈발이 간간이
한중막 마당에서 뒹구던 날
우연히 그 사람을 만났는데…

계속 미소지던 첫인상이
어찌나 고왔던지
좀처럼 잊혀지지가 않네!

이 사연 행여 그 사람이 알면
그 사람도 좋아서 웃으실까?
아니면 어이가 없어 웃으실까?

그 사람 3

안 그래도
날씬하고
예쁘게만
생겨가지고는,

양손가락으로
긴 쌩머리카락 어루만지며
큰 거울 앞에서
혼자 웃고 있는 사람!

숨어서 하는 짓이
하도 예뻐만 보여서
팔색조만큼이나
예쁘다고 했더니…

웃음덩어리가 되어가지고는
그 사람은 꼭 팔색조처럼
총총총총
그렇게 도망쳐버렸네!

수진씨!

그대 오늘 정말 너무 예뻤어요.
전엔 그대를 볼 때마다
내 마음도 그대 표정만큼이나
찌뿌듯 마음이 아팠는데…

뜻밖에도 오늘 그대의
활짝 피어있는 얼굴은
함박꽃마냥 너무나도
아름답고 예뻤어요.

오늘 그대는 나를 보고
반기며 뜬금없이
묻지 마 관광이라도
같이 가자고 하셨지요?

그 말이 너무 좋아서
그대가 오늘 더 그렇게
예뻐 보였는지도 모릅니다.
수진씨!

그때에나 진정 오시렵니까?

쑥 개떡이나 찌면
싸가지고
꼭 오신다던 님!

이 봄이
다가도록
님은 오시지 않는군요.

쑥은 벌써
기린 잎이 피는데
아직도 아니 오시니…

움 쑥이나 나면
그때에나
진정 오시렵니까?

참 좋습니다!

나는 당신이 손으로
입을 가리고 내 귀에 대고
소곤소곤 그렇게 말씀하셔서

무슨 비밀이야기라도
하실 줄만 알고 잔뜩
기대를 가지고 좋아했는데…

듣고 보니
아무나 다 들어도
괜찮은 말씀이시네요!

그래도 난 그게
너무 정스러워서
당신이 참 좋습니다!

문짜

내 시집을 받고
당신은 내게
문짜를 보내주셨지요.

날 가까이서
보는 것만으로도
행복하다고…

나 때문에 행복하다는
당신의 그 말씀
한 마디가

내게는 사랑한다는
말보다도
진정 더 좋았으니…

사랑은 고통이 따르고
상처를
주고받기 때문입니다.

2부 패랭이꽃

패랭이꽃

칠거리 가는 옛날 산 길
다랭이 건너 저만치서
홀로 핀 패랭이꽃 한 송이!

보아주는 이 없어도
너 혼자서
참 예쁘게도 피었구나!

여긴 나밖에 아무도 없는데,
한시도 가만있질 않고
왜 그렇게 한들거리고 있는 거냐?

내가 반가워서 그러느냐?
아니면 너도
너무 외로워서 그러느냐?

아무리 외로워도 아무에게나
한들한들 그러지는 말거라!
이 예쁜 패랭이꽃아!

싸리꽃

보령 땜 찾아가는
언덕 빼기 길 가 따라
줄지어선 싸리나무들!

아직 무서리도
내리지 않았는데
벌써 단풍이 들었는가!

망울망울
주황빛 이파리가
꽃보다도 더 고와서 좋아라!

저 싸리 꽃
지기 전에
사랑하는 사람과 같이 와서

한 번 더 보고 싶은데…
아, 그 사람은
너무 멀리에 있구나!

버려진 산수유 옆에서

너를 심어 손때 먹여 가꿔준
네 주인들 도시로 떠나고
빈집 언덕 위에 너만 홀로
외롭게 남아 집을 지키더니…

아름답고 무성하던 네 가지
누군가가 와서 다 잘라가고
덩그러니 몸통만 남아
볼품없이 서있구나!

이 불쌍한 산수유야!
지금은 너 임자도 없이
만신창이가 되어있을지라도
조금만 더 참고 기다리려무나!

네 새 주인 곧 들어서고
내년 춘삼월 봄이 와서
노란 산수유 꽃 다시 피면
떠났던 벌들 다투어 찾아오리니…

돌미나리

해가 서쪽에서 뜨려나
볼 때마다 동해 번쩍 서해 번쩍
허둥대는 모습만 보여주던
밭 가운데 집 애기엄마!

오늘은 한가한 모습으로
밭에 있는 내게 와서
갑자기 이사를 하게 됐다며
섭섭한 표정으로 말을 걸어왔네.

잠시 대화를 하면서도
손끝 한번 놓아두지 않고 풀을 뽑다가
돌미나리를 꺾고,
그러더니만,
집에 들어가 돌미나리를 놓고 갔네!

천성이 착하게만 보이는 애기엄마!
가는 곳마다 거기서도
이웃에게 감동을 주며
사랑만 받는 복된 사람 되소서!

밤꽃 2

올해 따라
왜 밤꽃은

저렇게
유별나게

찐하게
풍기는가!

용화산
밤꽃이여!

당신 5

지난 번 만나서도
본둥만둥 그냥
그렇게 가시더니,

오늘도 당신은
눈길 한번 주지 않고
또 그렇게 가셨습니다.

언제는 날 보는 것만으로도
행복하다고
그렇게 말씀하시더니만…

소쩍새 4

봄부터 여름밤 내내
간장을 도려내는
네 울음소리 때문에
내 마음도 어지간히 아팠는데…

칠팔 월 긴긴 장마 가고
코스모스 서늘바람 불어오니
너는 며칠간을 두고
더욱 다급히 울어대더니만…

어제 밤부터 네 울음소리가
뚝 끊긴 걸 보니 너는
네 짝을 만나지도 못한 채
아주 멀리 떠난 게 분명한데…

마지막 떠나던 날 밤은 더 슬퍼
한시도 쉬지 않고 소쩍소쩍
그렇게 피를 토하다가 갔으니…
너는 끝내 내 마음을 아프게 하는구나!

용화산에 가을이 오면

용화산에 가을이 오면
단풍을 보러 멀리서
찾아오는 사람은 없어도
보는 이마다 다들 좋아라하는데…

내장산 단풍은 아니더라도
산은 저렇게 날마다
자고나면 점점 더 곱고
아름다워만 지는데…

하늘도 누가 언제 쓸어놓았는지
흘린 것 하나 없이
깨끗하고 맑기만 하구나!
낮달까지 나와서 좋아라 웃고만 있으니…

이 가을이 가기 전에 나도
훨훨 벗어던지고
사랑하는 우리 님과 앞산에 올라
알밤도 줍고 그러면서 하루 놀고만 싶구나!

용화산 뻐꾸기야!

빨간 벽돌집 설토화는
담장너머로 토실토실
하얀 얼굴 다투어 내밀고
봉오리마다 저렇게들 벙실벙실
좋아서 푸짐하게도 웃고만 있는데…

용화산 뻐꾸기는 아직
밤꽃도 피지 않았는데,
또 무슨 말 못할 사연이 생겨서
아침부터 그렇게
숨어서 울고만 있느냐?

네 짝이 어제 밤 몰래
말도 없이 사라지기라도 했느냐?
아무리 그래도 그렇지!
얼마나 울었으면 목이 그리 쉬었느냐?
이 불쌍한 용화산 뻐꾸기야!

한증막을 다녀와서 2

아내를 따라 한증막에 갔지만
한증막 아줌마는 보이지도 않고
오늘은 허브차 한잔도 챙겨주지 않아

나도 홀엔 나가보지도 않고
허브 저온실에서 땀만 빼다가
곧 그냥 돌아오고 말았는데…

집에 와서야 아내가 말을 해준다.
한증막 아줌마가 그러는데,
"왜 교수님은 보이지 않느냐?"고…

그 말이 너무 듣기에 좋았으니…
내가 왜 이랬다 저랬다 하는지
내 마음 진정 나도 몰라라!

그 사람 4

그 사람은 누구에게나
마음을 주지도 않지만
한번 주면 변치도 않는다는
아주 신실한 사람이었는데…

그런데 그 사람은
끝내 나를 버리고
하얀 콘크리트 밀림사이로
울며 떠났습니다.

떠날 때 미리
예측을 못한 건 아니지만
그렇게 한번 떠나가서는
다시는 나를 찾지도 않습니다.

그래도 내가 차마
그 사람을 잊을 수 없는 것은
그 사람은 내게 전부를 걸었던
사람이기에 그렇습니다.

3부 노송(老松)

노송(老松)

용화산 자락 똥메 아래
늙은 소나무 하나
혼자 외롭게 서있는데…

아롱다롱 예쁜 새 한 마리
깃털 반지르르 다듬고
살짝이 날아와서는

까슬한 노송 몸통을
두 팔로 감싸 안고
그 이쁜 배로 비벼대며

살금살금 오르다가
뱅뱅 돌다가
그러면서 몸통을 콕콕 찍는다.

노송은 좋아서 그러는가?
시원해서 그러는가!
아주 두 팔을 다 벌렸구나!

쌍 알

분재 밭에 방목하던
닭 여덟 마리를
옆밭 사과나무 심은 쪽으로
그물망을 넓게 치고 옮겨놨더니…

왕초 꺼먹 닭은 날마다 제멋대로
그물망을 뛰어 넘나들면서
말썽을 부리고 있으니
아내는 못마땅해 하지만…

세상엔 사람도
먹는 값도 못하고
딴 짓거리만 하고 다니면서
속 썩이는 사람이 얼마나 많은데…

고놈은 말썽은 부려도
쌍알만 낳아주니
좀 쓰다듬어 주고 싶은데…
어찌나 날쌘지 잡히질 않네!

호박농사

막내 아들며느리는 우리 밭에
호박모만 따로 심어놓고
유람삼아 주일마다 와서
호박을 잘도 따 가는데…

우리 집 호박넝쿨은 번지르르
잎은 양산만하고
넝쿨은 동아줄만한데,
호박은 아직 맛도 보지 못했네!

작년에 호박농사를 망쳐서
올해는 초봄부터 유별나게
호박에 지극정성을 들여서
번들번들 광채가 나도록 잘 키워놓았더니…

저놈들이 누구를 닮았는가?
헛꽃만 피고 열매는 맺지 않으니…
키우는 건 내 맘대로 해도
열매는 내 맘대로 안 되는구나!

넝쿨장미를 보면서

봄부터 가을까지
산막제 가는 길
황토색 담장 너머로
얼굴을 내민 빨간 넝쿨 장미야!

너는 허구헌 날
꽃단장 예쁘게 하고
아름다운 네 얼굴
담장 위에 내밀고만 있어도

벌 나비 줄지어
널 찾아 날아들고
넌 그들과 어울려
그렇게 즐겁게만 사는데도,

누구하나 널 보고
쑥덕거리지도 않고
다 널 예뻐라
칭찬만 하니 넌 참 좋겠구나!

폐가에서

알밤을 주우러 나왔다가
산 아래 방치된 폐가를
한번 보고 싶어 들러보았더니…

두어 평 남짓 마당도
두 간 오두막도 잡초에 묻혀
대낮에도 으스스 무서운데…

이집 홀로 사던 노파
서울 아들며느리 따라가서
남 보기에도 잘 된 일이지만…

봄이 오면 고사리 꺾고
가을바람 불어오면 알밤 줍던
고향생각 어지간히도 나겠구나!

내 집

올여름엔 너무 무더워서
오랜만에 무작정
무진장(茂鎭長) 고산지대로
큰아들네와 함께 피서를 갔는데…

떠날 땐 너무 좋아서
나는 며칠 더 남아 있다가
서늘바람이나 나면
천천히 돌아올까 생각도 했었는데…

둘째 날도 셋째 날도
고삐 풀린 망아지마냥
신나고 좋기만 했는데…
넷째 날엔 솔깃이 집 생각이 나더니만,

하룻밤을 더 자고나니
집이 그리워 견딜 수가 없었으니…
아, 내 집같이 편하고 좋은 건
정말 세상 어디에도 없구나!

당근 나물

내가 젊었을 때만 해도 겨울에도
당근 밭에 지푸라기를 덮어놓고
싱싱한 당근 나물을 많이 해먹었는데…

할아버지 가신 후 개량종이 좋은 줄만 알고
우리 집에만 남아있던 흰 당근 씨를 없애고
대신 빨강 당근으로 바꿨더니…

크고 빛깔은 좋은데 뻣뻣하고 맛이 없어서
당근 나물을 해 놓아도 아무도 먹지 않지만
어디서도 흰 당근 씨를 구할 수가 없구나.

개량종이 다 좋은 것만은 아닌데,
그 좋은 당근 씨를 없앴으니…
나 그때만 해도 꼭 알아야할 걸 몰랐네.

푸념 2

내가 두 주만 손끝을 놓으면
집 주변은 잡초로 덮여
호랑이 새끼쳐나가게 생기는데도,

아내는 날보고 이젠
일 좀 그만하고 편히 살라며
불평을 끝도 없이 늘어놓는다.

그래서 나는 언제나 혼자
힘들게 일을 하고나서도 혼만 나고
아내의 눈치만 보면서 사니…

참!
젠~장 맞을 것!*

* 젠장 맞을 것: '제기, 난장을 맞을 것'이란 뜻으로
　　　　　마땅찮아서 혼자 내뱉듯이 하는 말

뚝 떨어져나가야지

서울 아들에게 쌀을 부치려고
택배회사에 아무리 전화를 해도
며칠을 두고 받지 않아서 알아봤더니…

김장철이라 택배물량이
너무 많아서 그런단다.

김장도 손수 담지 않는 사람들!
그들은 모르겠지?
아직 며느리를 보지 않아서…

분가를 하면 뚝 떨어져 나가야지
조롱조롱 달려있는 게
얼마나 부모를 힘들게 하는 질…

과일가게 여주인 2

내게 토마토를 팔면서
저울눈을 속여 판 과일가게 여주인!
잘못을 알려주니 날보고
다신 오지 말라했지만,

원수를 지면 내 마음이 더 불편해서
나는 오늘 그 가게에 들러서
화해도 할 겸 다시
사과 5키로 그램을 샀는데…

달아주는 대로 그냥 집에 가지고 와서
속이나 알아보려고 달아보니
이번에도 200그램이나 모자랐네.

성경말씀에도 있지만
저울눈 속이는 죄가 얼마나 큰지
그런 것도 모르는 불쌍한 사람이여!

깍새

옛날 우리할아버지는 감은 겨울에
살이 오르고 당도가 높아진다며
눈이 내려도 감을 따지 않아서,

나 어렸을 제 눈 오는 날 보던 감나무가
어찌나 운치가 있고 아름다웠던지
지금도 나는 겨울이 와도 한동안
감을 따지 않고 그냥 두고 보는데…

올핸 입동 날 아침에 보니 깍새들이
감을 망치고 있어서 다 따왔더니,
다음 날 아침 우리 집 주변은
온통 깍새들 세상이 되었네!

감을 다 따온 것도 아니고 몇 개씩
남겨놓고 내 것 내가 따왔는데도,
프랑스 르네상스 학자 라블레가
자연은 위대한 스승이라고 하더니…

이쁘게도 생긴 녀석들이 저렇게들
떼 지어 몰려와서 깍깍깍깍 깍깍깍깍…
머리에 붉은 띠만 안 둘렀지 꼭 사람들처럼
아침 내내 시위를 하네? 성토를 하네!

땅 2

아파트에서 사던 사람
난생처음 백여 평 시골 땅을 사서
요지가지 채소도 심어놓고,

토종닭도 키우면서
신바람이 나서
하루에도 두 번씩 들르더니만…

어느 틈에 벌써
사랑땜을 다 했는가?
발길을 끊었네!

밭작물은 풀 속에 묻혀있고
닭들은 살려달라고
꼭 살려달라고 시도 때도 없이 울어댄다.

꼭이오! 꼭 꼭 꼭 꼭
꼭이오! 꼭 꼭 꼭 꼭
꼭이오! 꼭 꼭 꼭 꼭…

4부 장마

장마

여보, 새털구름이 떴어요!
어서 나와 저 파란하늘
새털구름을 좀 보셔요!

올 장마는 두 달도 넘게
참 무던히도 힘들게 하더니만…
이제 그만 물러나려나 봐요!

팔월 스무 사흘 낮달도
하얗게 나와서
저렇게 웃고 있어요!

나 그동안엔 정말
이렇게 좋은 햇볕을
고마운 줄도 모르고 살았어요!

그래서 나는

오늘 내가 당신 이름 옆에 써드린
혜존이란 말이 궁금해서
당신은 내게 그 의미를 물어보셨지요?

그 한마디를 물어보시려고
힘들게도 내 곁에 오시더니
오셔서도 차마 입이 벌어지지 않아

마치 사춘기 소녀마냥
얼굴이 빨개가지고는 한참이나
내 곁을 서성이고만 계셨지요!

그 여리고 순한 모습 때문에
나는 당신이 너무 좋으니…
그래서 나는 그게 걱정입니다.

잠자는 비둘기

충주 땜이 아직 막히기 전
1981년 어느 봄날
남한강 서창을 찾아
아내와 함께 탐석을 갔다가

급물살 자갈밭에서
세상모르고 깊이 잠들어있는
청오석 비둘기 한 마리를 보고
집에 보듬고 와서

현관 앞 통로에 연출해 놓고
오고가면서 한가할 때 가끔씩
쓰다듬고 있노라면 내 마음
이다지도 편안할 수가 없는데…

오, 나의 잠자는 비둘기야!
나 아니더라도 네가 좋아
너를 어루만지는 모든 이에게도
그렇게 평화만 안겨주려무나!

김장을 하면서

아내는 배추 밑동을 자르고
나는 배추를 날랐습니다.

배추가 어찌나 크고 잘 되었는지
한 포기만 안아도 한 아름이나 되어서
아내는 한 포기씩만 들고 다니라지만,

나는 삼태기가 넘치도록
배추를 올려놓고 신나게 날랐으니…

배추를 나르다말고 나는
너무 감사해서 감사기도를 했습니다.
앞으로도 계속해서 일할 수 있게 해달라고…

감자를 심어놓고

작년부터 막내 아들네가
우리 밭에 채소를 심어
무공해 먹거리를 챙겨먹는 걸 보고,

어제 주일날은 큰 아들네도 샘이 낳는지
바싹 마른 땅에 감자를 심어놓고
어대강 물을 주고 가더니만…

오늘 저녁 빗낱 몇 방울 떨어지니
거기도 비가 오느냐고
아들한테서 전화가 왔네!

성경말씀에도
'재물이 있는 곳에 마음도 있다'더니…
주님 말씀 정말 실감이 나네!

능소화

참쭉나무에 찰싹 붙어
더불어 살아가는
아름다운 통꽃 능소화야!

딴 나무에 붙어 더부살이는 해도
너는 칡넝쿨마냥 행패도
주인 행세도 하지 않으면서

나무보다 한 단계 내려앉아
다소곳이 예쁜 꽃을 피워 오히려
나무를 더 아름답게만 해주는구나!

진정 통꽃이라서 그러는가?
지면서도 미련 없이 톡 톡 떨어져
추한 모습은 흔적도 남기지 않으니…

너는 정말 멋지고 아름답구나!
그래서 널 '양반꽃'이라며
옛날엔 양반집에서만 심게 했는가!

일기 2
-2010년 2월 6일-

오늘따라 햇살마저 저렇게 스산한데
아내는 딸이 와서 한증막으로 데려가고
나는 덩그러니 큰 집에 혼자 남아서
오랜만에 텃밭에 나가봤더니,

지난겨울 유별난 한파로
양파 모들이 뿌리가 거의 다 솟구쳐
다릴 뻗은 채로 늘피하게 누어서
날 보고 살려달라며 눈물을 흘리고 있다.

진돌이도 닭들도 다 나만 바라보고
겨우내 손끝을 놓고 살았더니
울 안팎 어디를 가도
내 눈에는 보이는 게 일거리뿐이다.

곧 3월이 오면 울안 소나무정원수도
네 주나 이식을 해야 하고,
분재도 두 두렁이나 옮겨 심어야 하는데
걱정이 되면서도 그때가 기다려진다.

불만

키가 커서 불만인 사람!
조그만 해서 남편 품에 한번
쏙 들어가 보고 싶다는데?

모르시는 말씀!
아담싸이즈라고 남편 품에
쏙 쏙 들어가는 줄 아십니까?

남자들은 다 소심해서
이쁘고 잘난 사람은 감히
손도 대보지 못한답니다.

내 말이 틀린가?
아담사이즈한테 가서
어디 한번 물어보시구려!

손자

오면
오는
앞꾹지가
이뿐 놈!

가면
가는
뒤꾹지가
이뿐 놈!

족보

내가 어렸을 때만해도
1957년 고교 졸업 때까지
나는 가끔씩 혼자 할아버지 아래로
우리 집 족보를 만들어보곤 했었는데…

그러면서 4촌까지도 전혀
차별하지 않고 동생을 볼 때마다
한결같이 좋아만했었는데…

그런데 지금은 족보는커녕
4촌의 손자 이름은 고사하고
얼굴도 모르고 사니…

족보의 계(階)가 내려갈 때마다
서서히 멀어지고 갈라져서
정말 이렇게들 서로 외롭게
살아가야만 하는 걸까?

소나무 분재

내가 소나무 분재를 시작할 때에
동생들은 형님 나이 지금 몇인데
손자대나 보게 하려고 그러냐며 만류했지만…

나는 내일 지구 종말이 온다 해도
사과나무를 심겠다는 마음으로
1981년 봄 어린 묘목으로
소나무 분재를 시작했는데…

하다 보니 이왕에 할 바엔 좀 더
크게 해보고 싶은 욕심이 생겨서
1989년엔 솔방울을 따서 씨를 받아
분재를 시작하여 20여년을 길렀는데…

올여름엔 기후가 아열대로 변해선가?
몸살을 하고 많이 말라 죽었지만
내가 조금도 걱정을 하지 않는 것은
걱정을 해서 달라지는 건 없기 때문이다.

겨울나기

2010년 1월 8일 오늘도
아내는 딸과 찜질방에 가고
나는 혼자서 하루 종일
집을 보며 시를 쓰고 있는데…

옆집 헛간 추녀 끝에 매달린
왕 고드름 하나
똠방 똠방 한가로이
은빛 물방울을 떨어뜨리고 있다.

창문너머 들어온 햇살이 너무 따스해
들길이라도 걷고 싶어 나가봤지만
같이 걸을 사람도 없고
들판은 온통 눈 속에 묻혀있네!

옛날에도 우리 할아버지가
겨울에 다 늙는다고 하시더니,
이럴 때 들판에 나가서 눈사람도 만들고
눈싸움도 한번 해보고 싶은데…

눈싸움을 혼자 할 수도 없지만
앞으론 더 그럴 테니,
지금부터라도 새로
꼬마들과 친구를 삼았으면 참 좋겠다.

북

아내가 전화에다 대고
암웨이 물품구입을 하면서
뜬금없이 내게 "걸레도 사주세요."
하고 쑈를 시작하더니만…

계속 수다를 떨다가
'속이 다 후련하다'면서
웃음덩어리가 되어가지고는
한참 내 흉(?)을 보다가는

이젠 한 술 더 떠서
나를 향해 말을 하면서도
나는 보지도 않고 전화에다 대고

"홍 사장이 그러는데~
지금이 어떤 세상인데~
사모님은 꼼짝도 못하고~
쥐어서만 사느냐며(?)…
걸레 안 사주면~
밥 안 해준다고 하래요"

언변술이 다이아몬드 셋인 홍사장과
서로 짝짝꿍이 되어서
아내는 계속 속시원히(?)
너털웃음을 토해내고 있다!
내 흉을 보면서…

5부 연평도

연평도

2010년 11월 23일 북한의
연평도 기습 공격으로 님들은 갔습니다.
해병 서정우 하사
그리고 문광욱 일병이여!

님들이 떠나시던 날
하늘도 원통하여 갑자기 마른하늘에서
뇌성벽력을 치며 눈물을 흘리고,
국민 모두도 슬퍼 함께 울었습니다.

군악대 장송곡 「내주를 가까이 하게 함은」을
들으면서 고달픈 인생길을 떠올리다가
「고향생각」곡이 흘러나오면서 나는
님들의 부모님 눈물이 보여 엉 엉 울었습니다.

허지만 님들은 외롭지 않습니다.
사나이로 태어나서 조국을 지키다가
멋지고 장하게 샤론의 꽃으로 가셨으니…
아, 대한민국은 님들을 영원히 기억할 것입니다.

고향집을 찾았다가

어릴 때 살던 집이 너무 그리워
반세기만에 큰맘 먹고 찾아갔더니
생각지도 않은 7월 장마비가
느닷없이 주룩주룩 내리는 바람에,

집 주변은 둘러보지도 못하고
입식으로 바뀐 낯 설은 주방에 앉아
비 내리는 뒤란 풍경만 한참
쓸쓸히 바라보다가 그냥 돌아왔네.

나 어렸을 때 앉아 놀던 앞 뒷마루도
옆 마루도 퇴방까지도 다 방으로 들어가고,
아래채는 헐리고 마당들은 밭이 되어
옛 모습은 어디서도 찾아볼 수가 없구나!

나 어렸을 땐 오늘같이
소나기가 내리는 날이면
위 아래채 지시랑 물* 합수가 되어
담 밑 수채로 뻑뻑이 내려가고,

소낙비가 그치고 햇볕이 나면
공중엔 고추잠자리 떼 지어 날고
텃논에서 올라온 미꾸라지들
마당에서 신나게 꼬리춤을 추었는데…

* 지시랑 물 : 지붕을 타고 내리는 물

바람

공포의 전염병 신종 풀루가
전 세계로 번지고 있다는 기사가
2009년 여름부터 한 때
톱뉴스로 전해지고 있었는데…

손녀 세영이가 학교에서 열이 올라
병원에 가있다는 소식을 듣고
아내는 맥이 풀려
땀만 뻘뻘 흘리고 있었지만…

나는 믿는 맘으로 담대히
세영이와 같이 있다는 딸에게
우선 전화를 했더니,
세영이는 괜찮아서 퇴원을 했단다.

가지 많은 나무 바람 잘 날 없다지만
혼자서서 우는 전봇대보다는
가지 많은 나무가 나는 좋으니…
나의 바람은 예정된 바람입니다.

입춘 날 한강에서

'우수(雨水) 경칩(驚蟄)이 되면
대동강 물도 풀린다.'는 옛말도 있지만…
봄은 경칩이 지나야 왔었는데…

나는 오늘 입춘 날(2009년)
오버대신 검정버버리코트를 입고
단추도 풀어놓은 채 한강변을 걸었네.

작년까지만 해도 입춘 날은
잔설이 덮여있어 한겨울이었는데…
오늘은 오버보다는 버버리코트가 더 어울리니…

근래 들어 나타나는 조짐을 보아서도
기후가 변하는 건 확실한 것 같은데…
그럴라면 봄만 더 길어졌으면 좋겠다.

2010년 여름

2010년 여름은 너무 잔인했으니…
입추 말복 지나면서부터
이젠 머지않아
서풍 산들바람 오겠지 하고
하루하루를 힘들게 넘겼는데…

7월 긴긴 장마 지나고도
8월지나 9월 상순까지 내내
거의 날마다 비가와도
시원한 날 하루도 없이
35도를 오르내리는 찜통더위에
내 생전 처음 보는
열대야만 지속되었으니…

지구촌온난화로 인한
재변(災變)인가 생각하면
두렵고 마음이 아프구나!

우려

내가 현직에 있을 때 여름방학에
필리핀 막내아들 집에 가면서
골고루 채소 씨를 가지고 가서
울안 빈 땅에 심은 일이 있었는데…

날마다 비가 오고 기온도 높으니
금방 싹이 트고 빨리 자라서
쥐억상추라도 맛보고 올 줄 알았지만
심은 씨앗들은 싹도 트지 않았네.

그때는 별 신경을 쓰지 않았는데,
올여름 내내 날씨가 꼭
필리핀 여름날씨 같은 걸 보고서야
그때 일이 생각났으니…

금년 농사가 대흉년인 걸 보아도
이러다간 우리나라도 필리핀처럼
들판에 잡초만 우거져 있는 날이
오지나 않을지 우려가 된다.

스리랑카 청년

한국 사람이 많이많이 좋아서
한국이 최고라는
검정 점퍼차림의
스리랑카 청년!

까만 얼굴에
미소 짓는 큰 눈망울이
순하게만 보여서
등을 다독거려주었더니,
애기처럼 너무 좋아한다.

오식도에 있는
직장엘 간다며
버스를 기다리다가
7번 버스가 들어오니
그 청년은 떠났지만…

오늘 내 모습이
그 청년에게는
어떤 사람으로 비쳐졌는지
마음이 쓰인다.

지평선 축제장에 갔다가

벼메뚜기도 잡고
소달구지도 타보고 싶어서
난 오늘 지평선 축제장에 갔습니다.

금강산도 식후경이라고
먼저 식당에 들어갔다가 인상이 좋은
써빙 아줌마와 대화를 하게 되었는데…

부모님이 김제 장에 가시다가
산기가 와서 도중에서 내려
길에서 낳아 길란(吉蘭)이라 한다며,

한 정거장만 더 가셔서
차안에서 낳았어도
유명한 사람이 되었을 거라며 아쉬워하지만…

당신은 출생도 남다르지만,
차안에서 낳지 않았어도
내가 본 당신은 예사 사람은 아니었습니다.

지평선 축제 먹거리장에서

지평선 축제 먹거리장 떡장사 정애자씨!
검정 쫄바지에 하얀 부츠
빨강 티의 톡톡 튀는 여인!
눈에 넣어도 아프지 않은 여자(자칭)!

아줌마라 불렀더니
처녀라며 펄쩍 뛴다.
동그란 얼굴이 하도 화끈해서
몇 마디 말을 건넸다.

몇 살인데? 서른이요.
왜 시집 안가? 아직 어려서요.
언제 갈텨? 내년엔 가야죠.
다급허기는 헌갑만? 그렇죠! 다급허죠!

화끈한 눈웃음!
한참만 더 여기에 있다간
내가 아가씨 눈 속으로
쏙 빠져들겠습니다그려!

참, 존경스럽습니다.

지평선 축제장에 갔다가
옥수수 한 봉지 두 개를
이천 원에 사먹으면서
평상에 앉아 옥수수 할머니와
이런저런 대화를 나누는데…

일 헐 때는 힘들어도
여기 와서 팔 땐 참 재밌어요!
다 이 맛으로 살죠.
봉사도 허고,
놀러도 다니고…

집에서 일할 때 입던 옷
그대로 입고 나와서
옥수수를 파는 할머니!
봉사까지 하면서 산다니
참 존경스럽습니다.

오가피

토종 오가피가
산삼보다 좋다고 하여
새천년에 묘목 20주를 심어놓고,

5년 만에 첫 수확을 하여
두충나무, 갈근, 대추를 넣어
한 솥을 짜다먹었는데…

머리에 난 30년 뽀로지가
나도 몰래 자취를 감추고,
독감 예방주사를 모르고 사니…

나는 산삼을 먹어보지 않아
둘을 비교할 수는 없지만,
오가피가 장수 식품인 건 확실한 것 같다.

나의 학창시절

천구백 사 오십년 나의 학창시절은
해방이 되고 육이오 사변이 나고
그러면서 살기에 너무 힘든 때여서
뚱뚱한 처녀를 보면 부잣집
맏며느리 깜이라고 다들 좋아만 했었는데…

중학교 2학년 새 학기가 시작되고 나서
어느 화창한 봄날 점심시간에
내가 좋아하는 부잣집 맏며느리 깜
물상선생님이 영어선생님과 함께
한가로이 운동장을 거닐고 계셨습니다.

나는 선생님이 나를 기억하지도
못 할 거라고 생각하면서
거수경례를 했는데, 물상선생님은
영어 선생님에게 내 칭찬을 하셨으니…
그날 밤 나는 너무 좋아서 잠이 오질 않았습니다.

그해 겨울방학 선생님은 결혼을 하시고,
그 후론 다시 보지 못했지만,
지금도 어쩌다 선생님이 생각나는 걸 보면
나는 그때 물상선생님을 무척
짝사랑하고 있었는지도 모릅니다.

내가 당한 한국전쟁 3

1950년 여름 그날도 7월 해는
고봉산을 막 넘어가고 있었는데…
샘 거리에서 큰소리가 나면서
아버지 소리도 들려 뛰어나가 보았더니…

아버지가 젊은 사람한테 일방적으로
당하고 있었지만 말리는 사람도 없고,
그 사람은 평소답지 않게 안면 싹 거두고
아버지에게 반말짓거리를 하고 있다.

우리할아버지가 늦게 나오셔서
니가 지금 살았다고 이러니 저러니 하냐며
아무 잘못도 없는 아버지만을 나무랐지만,
그 사람은 야생마처럼 밤새 날뛰고 있었는데…

늦게 귀가하던 작은 아버지가 구렁너머를 넘어오고
자전거가 샘 거리에 나뒹구는 순간
번개처럼 그 사람은 공중으로 솟구쳤다가
저만치 땅바닥에 절푸덕 퍼져버렸으니…

그때서야 싸움은 말려지고 그 사람은
쏜살같이 도망가서 논 속으로 숨어버렸는데…
그날 밤은 그 사람도 아버지도 다 무서워서
모기를 뜯기며 논두렁에서 잤다.

내일 당장 공산당한테 끌려가서
죽임을 당할지라도 너무 통쾌해서
조마조마 움츠렸던 내 몸엔 힘이 생기고
울던 식구들 얼굴엔 활짝 함박꽃이 피었다!

당신은 코스모스로 오셨습니다.
(고석원 제13시집)

지은이 / 고 석 원

2011. 1. 10. 초판 인쇄
2011. 1. 14. 초판 발행

펴낸곳 / 도서출판 엠-애드
펴낸이 / 이 승 한
서울시 중구 필동3가 10-1
전화 / 02)2278-8063/4
팩스 / 02)2275-8064
E-mail / madd1@hanmail.net
등록번호 / 제2-2554

마케터 / 이태영
디자이너 / 임선실
전산팀 / 임민영

이 책에 실린 글과 모든 그림, 사진의 무단 전재와 무단 복제를 금합니다.
파본은 교환해 드립니다.

정가: 6,000원

ISBN 978-89-6575-000-0